AF273519

EL REICHSWEHR

EL EJÉRCITO ALEMÁN EN EL ADVERSO PERÍODO DE ENTREGUERRAS

JAVIER FERNÁNDEZ GONZÁLEZ

GALLAND BOOKS editorial
www.gallandbooks.com

Título original: El Reichswehr. El ejército alemán en el adverso escenario de entreguerras
Primera edición: marzo 2025
ISBN: 978–84-19469-80-9
Depósito legal: DL VA 74-2025
Diseño y maquetación: Carlos Castañón y Boca Multimedia
Tratamiento de imágenes: Paco M. Queipo
Imprime: Rudelgraf
Impreso en España

Introducción

En el aspecto puramente militar la Primera Guerra Mundial había sido pródiga en novedades tecnológicas y doctrinales. Los ejércitos habían iniciado la mecanización, sistemas de armas como la ametralladora habían modificado la doctrina clásica imperante, la guerra química y la artillería se habían empleado en masa y la aviación se había convertido en un elemento decisivo. La guerra ya no se desarrollaba sólo sobre el frente, sino que había adquirido una dimensión industrial sin precedentes.

El final de la Primera Guerra Mundial habría puesto de manifiesto el enorme potencial de combate que otorgaba la ventaja tecnológica en campos como la guerra química, los blindados, los medios aéreos o el arma submarina, así como el fin del empleo clásico de la caballería o la infantería al asalto en masa y a la bayoneta[1].

Se acepta comúnmente la idea de que fue la llegada del Partido Nacional Socialista al poder en 1933 el hecho que desataría una carrera armamentística y un rearme sin precedentes en Alemania. Sin embargo, esta afirmación no se adecua a la realidad: Apenas terminada la primera contienda, el Ejército alemán comenzaría los preparativos para la siguiente confrontación. «Seeckt y sus sucesores tenían [ya] una visión clara de lo que querían conseguir [...] un ejército que fuese capaz de librar de nuevo una guerra de movimientos»[2].

Tras el conflicto mundial y con el fin de disponer de unas fuerzas armadas preparadas para un nuevo conflicto en Europa, las autori-

Recibimiento a las afueras de Berlín, de la Legión Cóndor. El jefe del *Heer*, general Walther von Brauchitsch, junto al entonces coronel Wilhelm Ritter von Thoma pasan revista a las tropas del contingente terrestre. Como oficial, Von Thoma fue uno de los cuadros de mando que participaría en las actividades desarrolladas en el campo de Kama (URSS).

1.- Guderian, 2011, 154-170.

2.- Citino, 2018, 326.

dades germanas transgredieron de manera manifiesta las limitaciones impuestas por el Tratado de Versalles en el ámbito militar.

Si bien las fuerzas armadas germanas no cumplieron todas las condiciones de dicho tratado, el futuro desempeño del ejército alemán no se debería únicamente a dichas transgresiones sino a un conjunto de innovadoras reformas aplicadas desde el fin de la Primera Guerra Mundial. Estas reformas afectarían a múltiples ámbitos de la institución militar y buscarían lograr la máxima eficiencia de sus fuerzas armadas.

Pese a las limitaciones en los aspectos logísticos o la escasez de materias primas, las fuerzas armadas germanas se caracterizaron por disponer de unos medios tecnológicamente avanzados en materiales como los carros de combate, los medios aéreos o los sistemas de mando y control.

Uniformidad del *Reichswehr*.

Además, los alemanes desarrollaron una doctrina ofensiva innovadora y dominaban a la perfección la integración de las diferentes capacidades de combate y apoyo al combate.

Por otro lado, «a pesar de los estereotipos populares [...] el soldado alemán corriente de la Segunda Guerra Mundial era cualquier cosa menos estúpido o carente de imaginación, y sus oficiales y sus suboficiales no eran autómatas ni autócratas inflexibles»[3]. Contrariamente a lo que se ha transmitido desde muchos foros, el

---

3.- Cordell, et Zabecki, 2009, 20.

estilo de mando y liderazgo germano dotaba a los mandos intermedios de gran flexibilidad para conducir las operaciones. Esto facilitaría la adaptación de los cuadros de mando a las variaciones de la situación y la exitosa conducción de las operaciones.

En suma, las reformas aplicadas durante el periodo de entreguerras, la experiencia de combate y el estilo de liderazgo germano, así como el desarrollo tecnológico de los medios de combate y una doctrina basada en el aprovechamiento del potencial del combate interarmas, garantizarían la preservación de las capacidades militares germanas y constituirían la base sobre la cual se edificarían los éxitos de la *blitzkrieg* en las primeras fases de la Segunda Guerra Mundial.

Arriba. Hebilla del cinturón de los miembros del Reichsheer. La leyenda dice «Dios con nosotros»

Abajo. Las caras de la derrota en 1945.

Sin embargo, tras una serie de reveses a nivel estratégico a partir del año 1943, Alemania se vería condenada a soportar de nuevo una guerra de degaste. Ese tipo de conflicto era precisamente el que los estrategas germanos, conscientes de sus limitaciones, buscaban evitar y el que llevaría a la derrota final de Alemania.

EL *ETHOS* DEL EJÉRCITO ALEMÁN HASTA LA SEGUNDA GUERRA MUNDIAL

Arriba. Carga de la caballería prusiana contra los franceses en la guerra franco-prusiana (1870).

Página siguiente, arriba. Artilleros prusianos manejando una pieza de campaña de 7,7 cm.

Página siguiente, abajo. Mariscal Helmuth von Molkte. Bajo su mando, Prusia derrotó a Dinamarca, Austria y Francia a lo largo del siglo XIX.

Desde la Guerra de los Treinta años hasta la derrota alemana en la Segunda Guerra Mundial, el Ejército prusiano, desarrollaría un estilo característico de hacer la guerra. El Ejército prusiano sería el embrión del *Reichswehr* o de la *Wehrmacht*, los ejércitos germanos que combatirían en las guerras mundiales.

Los territorios del Sacro Imperio Romano Germánico serían devastados tras la Guerra de los Treinta Años. Desde entonces, los gobernantes prusianos serían conscientes de la debilidad de su pequeño reino y se dedicarían a reforzar a su Ejército de Tierra o *Heer*. Federico el Grande, Clausewitz o Moltke, auspiciarían una institución militar basada en un espíritu sobrio, audaz y de fuerte acometividad.

Sin embargo, Prusia era un Estado con unos recursos limitados. Dichas limitaciones exigían el desarrollo de la guerra sobre la base de campañas cortas que derrotaran a sus adversarios completa-

mente mediante acciones audaces y contundentes. Este *ethos* o cultura militar particular se desarrollaría durante siglos y estaría presente en la forma de conducir las operaciones militares por parte de los prusianos y sus sucesores.

Los prusianos también desarrollarían un estilo de mando único cuyos principios podrían resumirse a través del concepto de *auftragstaktik*. Las operaciones militares prusianas se conducirían bajo dichos principios mucho antes de que, durante la Guerra Franco-prusiana, se comenzara a emplear el término.

La *auftragstaktik* sería definida por Von Moltke (el viejo) como «las acciones que un subordinado toma en ausencia de órdenes y que cumplen el propósito del jefe»[1].

1.- Gunther, 2012, 3.

En este sentido, los cuarteles generales prusianos trataban de transmitir el propósito del mando de una manera clara. Esto permitía a las unidades subordinadas conducir las operaciones con flexibilidad y adaptándose a las condiciones cambiantes del combate.

Igualmente, las bases de la *blitzkrieg* o guerra relámpago estarían firmemente enraizadas en este *ethos* prusiano en el que una fuerza inferior, a través de una maniobra audaz y al límite de sus capacidades logísticas, buscaba aniquilar a su oponente de la forma más rápida posible[2].

Así, el manual doctrinal básico del ejército germano tras la Primera Guerra Mundial, *Truppenführung*, «se sitúa firmemente en la tradición de Clausewitz, Moltke y Seeckt»[3] y en ese ethos prusiano mencionado.

2.- Citino, 2018, 16-17.

3.- Cordell, et Zabecki, 2009, 11.

LA DERROTA ALEMANA Y LA PAZ DE VERSALLES

Desgaste germano, revolución y armisticio

La Primera Guerra Mundial evolucionó hacia una larga guerra de desgaste en la que parecía que las potencias centrales, lideradas por Alemania, se impondrían en el terreno militar. Así, una serie de victorias de los imperios centrales, como la rendición de Rusia con el Tratado de Brest-Litovsk o la derrota del Ejército italiano en Caporetto, harían que 1918 se iniciara con unas buenas perspectivas para Alemania y sus aliados[1]. Sin embargo, los acontecimientos posteriores conducirían sucesivamente a la capitulación de las potencias centrales.

Durante el conflicto, en Alemania había carestía de recursos básicos para la población civil como consecuencia del bloqueo naval británico. Esta situación derivó en una fuerte inestabilidad y conflictividad social. Finalmente, la sublevación de los marineros de la Armada Imperial en Kiel pondría al país al borde de la revolución.

_____

1.- Strohn, 2018, 8.

En el plano militar, tras el fracaso del conjunto de ofensivas conocidas como el *Kaiserschlacht*, ante el creciente empuje de las fuerzas
aliadas y con situación muy deteriorada en la retaguardia, Alemania
optaría por el armisticio.

Arriba. Los periódicos nor-
teamericanos recogen la
derrota alemana en la Primera Guerra Mundial..

Por su parte y tras el armisticio, las potencias aliadas impondrían
una «paz cartaginesa» a Alemania. Las conversaciones y la posterior
firma del tratado de paz entre Alemania y las diversas potencias vencedoras se realizarían en la
ciudad francesa de Versalles
en 1919.

Abajo. Desfile en Munich
del *Freikorps* Faupel-Görlitz
en mayo de 1919.

El régimen republicano,
surgido tras el conflicto en
Alemania y con el Partido
Socialdemócrata (SPD, *So-
zialdemokratische Partei
Deutschlands*) en el go-
bierno, heredaría una situación nacional de fuerte inestabilidad. El gobierno,
apoyado por el ejército y las
milicias nacionalistas
freikorps, reprimiría con vio-
lencia el latente proceso re-
volucionario y finalmente
lograría controlar la situación[2].

2.- Muñoz, 2016, 3.

El Káiser Guillermo II se exiliaría en Holanda tras el final de la Primera Guerra Mundial.

En aquella Alemania de la inmediata posguerra, diariamente se sucedían combates callejeros entre espartaquistas y conservadores, socialdemócratas y nacionalistas, policías y grupos de soldados que al volver de los frentes no habían entregado las armas en los cuarteles y se dedicaban a recorrer los pueblos y las ciudades sometiéndolos al pillaje. El hambre, la inseguridad, y una hiperinflación inaguantable sojuzgaron a la población con indecibles padecimientos[3].

En este sentido, la compleja situación de Alemania no sería más que agravada por las sanciones establecidas en el Tratado de Versalles. El cual, tras la derrota, condicionaría enormemente el futuro desempeño de la República de Weimar como Estado y el futuro de la nación alemana.

El Tratado de Versalles

Las duras condiciones impuestas a Alemania tras el armisticio, se verían condensadas en el Tratado de Versalles. Las condiciones afectarían a Alemania en diversos ámbitos: territorial, económico, político y militar.

Los artículos 27 y 28 modificarían notablemente las fronteras de Alemania en beneficio de sus vecinos. Las posesiones de ultramar pasarían en su totalidad a las potencias vencedoras, borrando la presencia colonial de Alemania en el resto del globo. La importante región industrial del Sarre pasaría a encontrarse bajo ocupación y libre explotación de Francia, como indemnización. Igualmente, las zonas mineras de Silesia pasarían a Polonia y al recién creado estado de Checoslovaquia.

En su vertiente económica, el Tratado de Versalles buscaba destruir las bases sobre las cuales se sustentaba el sistema económico germano y privaba a Alemania tanto de sus posesiones de ultramar como de los medios mercantes necesarios para establecer unas relaciones comerciales por vía marítima[4].

En el plano político, Alemania se convertía en un sistema republicano y el Káiser Guillermo se exiliaría en Holanda.

3.- Del Castillo, 2020, 52.

4.- Keynes, 1919, 31-32.

TERRITORIO DE MEMEL
Incautado por Lituania en 1920

Memel

NORTE DE SCHLESWIG
Se votó para unirse a
Dinamarca (75% a favor)

DANZIG
Declarada una «Ciudad Libre»
administrada por la Sociedad
de Naciones

Königsberg

SUR DE SCHLESWIG
Se votó para permanecer
alemán (81% a favor)

Kiel

Hamburg

Bromberg

ALLENSTEIN
Se votó para permanecer
alemán (97,5% a favor)

Essen

BERLIN

Leipzig

Posen

Kielce

MARIENWERDER
Se votó para permanecer
alemán (92,8% a favor)

EUPEN - MALMEDY
Transferidas a Bélgica

Eupen
Malmedy

Koln

**EL LLAMADO CORREDOR POLACO
(PRUSIA OCCIDENTAL y POSEN)**
Transferido a Polonia sin un referéndum

SARRE
Administrado por Francia
bajo la Sociedad de
Naciones hasta un
referéndum que se
celebró en 1935

Mainz

Frankfurt

Beuthen
Gleiwitz   Pless

PRINCIPALES PÉRDIDAS ALEMANAS
100% de sus colonias
80% de su flota
48% de toda su producción de hierro
16% de toda su producción de carbón
13% de su territorio en 1914
12% de su población

ALTA SILESIA
Inexplicablemente dividida en dos zonas:
Oeste y Este, después de un referéndum
producido con mayoría favorable de
permanecer alemán (68% a favor)

Metz

Mannheim
Karlsruhe

ALSACIA - LORENA
Cedidas a Francia sin un
referéndum tras 47 años
bajo las leyes alemanas.

Strassburg

Stuttgart

Freiburg

München

Mühlhausen

RENANIA DESMILITARIZADA
Administrada por Alemania, pero sin
fortificaciones ni fuerzas militares
estacionadas en la zona.

Territorio perdido por Alemania después de su derrota

Territorio retenido por Alemania después de la votación popular local

Territorio retenido por Alemania, pero dentro del cual no se pudieron
construir fortificaciones ni estacionar soldados.

Los efectos del Tratado de Versalles en las fuerzas armadas germanas de postguerra.

En lo que respecta al ámbito militar, de igual modo serían impuestas duras limitaciones:

• El tratado obligaba a la disolución del Ejército, prohibiendo el servicio militar obligatorio y limitando las fuerzas de este al número máximo de 100 000 hombres encuadrados en no más de nueve divisiones de infantería y tres de caballería.

• El número de oficiales se limitaba a tan solo 4000. Por otro lado, se obligaba a que la tropa voluntaria se alistara por un tiempo de servicios de, al menos, doce años. Igualmente, se limitaba la capacidad del ejército para licenciar al personal[5]. Todo lo cual constituían herramientas conducentes a romper con la tradición de reservistas de Alemania con la finalidad de limitar enormemente la capacidad de reclutamiento y movilización germana.

───────────────
5.- Tratado de Versalles, 1919, 119-120.

• Igualmente se disolvía el Cuartel General Central y se limitaba el número de oficiales que pudieran desempeñar cargos en el Ministerio de la Guerra u otras instituciones fuera de las fuerzas armadas[6].

Así quedó compuesto el nuevo gobierno alemán tras la abdicación del Kaiser Guillermo II

• Se prohibían las fuerzas aéreas y se imponían fuertes limitaciones a la armada. Los vehículos acorazados de todo tipo fueron prohibidos. Al mismo tiempo, se limitaba el número de ciertos sistemas de armas y se establecían condiciones para que comisiones externas controlaran la producción y almacenaje del armamento[7].

• En lo que respecta a la enseñanza militar, diversas academias y centros de formación fueron cerrados. Igualmente se prohibía a cualquier institución civil llevar a cabo actividades que pudieran vincularse de cualquier modo con el ámbito militar[8].

• Además, se crearía una Comisión Interaliada de Control Militar con la finalidad de vigilar el cumplimiento de las cláusulas de desarme.

Sin embargo, ya en los años veinte los aliados se dieron cuenta de que las cláusulas del tratado eran tan duras que dificultaban la propia estabilidad del gobierno republicano. El miedo a que el gobierno alemán se convirtiera en una dictadura nacionalista o comunista hizo que se suavizaran ciertas medidas. En este sentido se permitió ampliar ligeramente los márgenes previstos en el tratado con el fin de reforzar las capa-

---

6.- Tratado de Versalles, 1919, 115-116.

7.- Tratado de Versalles, 1919, 118-119.

8.- Tratado de Versalles, 1919, 120.

cidades de las unidades militares para que estas contribuyeran a asegurar el orden público[9].

Todo esto favoreció la permisividad hacia el rearme alemán durante el periodo de entreguerras: «El sistema militar que había sustentado el esfuerzo de guerra alemán en 1914-1918 habría sobrevivido a las privaciones infringidas por la Paz de Versalles, para lanzar una nueva campaña de conquista solo dos decenios más tarde»[10].

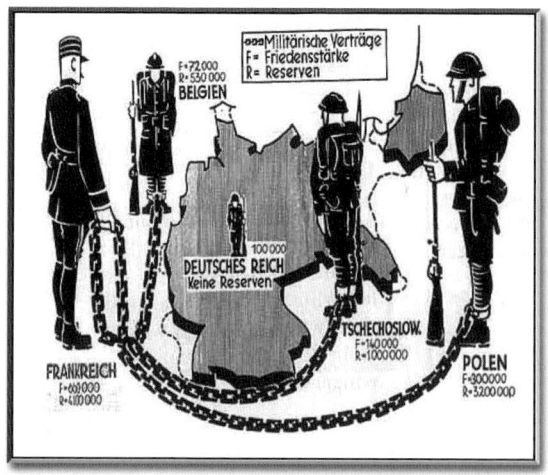

En suma, el Tratado de Versalles no conseguiría alcanzar uno de sus objetivos principales dado que el Ejército Alemán conseguiría mantener sus capacidades militares e incluso se encontraría en mejor situación que las potencias vencedoras del primer conflicto mundial al inicio del segundo.

Una comparativa del tamaño de varios de los ejércitos centroeuropeos después del Tratado de Versalles.

9.- Muñoz, 2016, 6.
10.- Clark, 2016, 800.

Varios jefes de los los *Freikorps*. En el centro, con la mano en el bolsillo, Von Epp.

El *REICHWEHR*: EL EJÉRCITO ALEMÁN

ENTRE 1918 y 1935

El presidente Hindenburg
pasa revista a las tropas del
Reichswehr que le rinden
honores.

Uno de los objetivos del Tratado de Versalles era limitar severamente la capacidad militar germana. Por ello, las cláusulas de dicho tratado detallaban de manera expresa y clara cuales eran los límites a la actividad militar, así como la tenencia y desarrollo de material bélico y sistemas de armas.

Aun así, durante el periodo de entreguerras, «el gobierno de Weimar se embarcó, no obstante, en una política de expansión secreta de sus fuerzas»[1].

Pese al panorama de restricciones impuestas por el escenario económico y jurídico de posguerra, en el Ejército alemán se desarrollarían una serie de mecanismos para adaptarse a la situación y mantener sus capacidades operativas.

Ante las limitaciones que presentaba el escenario general, desde los años veinte, el Ejército alemán aplicaría soluciones innovadoras e imaginativas para lograr sus objetivos.

1.- Bishop, 2009, 10.

15

Hans *von* Seeckt y el inicio del resurgir militar germano

Dos hechos marcarían de manera muy significativa el inicio del rearme alemán durante el periodo inmediatamente posterior a la finalización del conflicto: la elección del *Generaloberst* Hans *von* Seeckt como máximo responsable al frente del *Reichswehr* y la firma del Tratado de Rapallo entre el gobierno de la República de Weimar y la URSS.

Hans Von Seeckt: la esfinge

El general Hans *von* Seeckt era un experimentado oficial de Estado Mayor con experiencia de combate en el frente oriental durante la Primera Guerra Mundial y que había participado en la Conferencia de Paz de París en 1919.

Tras el conflicto, Seeckt ya ostentaba un cargo importante como jefe del Departamento de Tropas cuando se produjo el golpe de estado o *putsch* perpetrado por los líderes nacionalistas y de los *freikorps*: Kapp y el general Walther von Lüttwitz. Tras el frustrado golpe de estado, el general Reinhardt dimitiría de su cargo como jefe de la Dirección del Ejército. Seeckt sucedería a Reinhardt convirtiéndose en el jefe de la Dirección del Ejército y accediendo al cargo de más alta res-

Arriba.General Hans von Seeckt.

Abajo. Soldados armados y motorizados en pleno golpe de de Kapp.

Arriba. Póster de recluta-miento para el Reichswehr en 1919.

Abajo. Maniobras del Rei-chsheer, rama terrestre del *Reichwehr*. El quinto por la izquierda (con casco) es un joven oficial, Friedrich Paulus, quien en la Se-gunda Guerra Mundial, mandaría el 6º Ejército y con el grado de mariscal, se rendiría a los soviéticos en Stalingrado.

ponsabilidad dentro del *Reichswehr*. El general Seeckt ostentaría el cargo entre 1920 y 1926.

Seeckt impulsaría la creación de la Sección de Tropas e Instrucción o *Truppenamt*, que en la práctica haría las funciones y se convertiría en un elemento prohibido por el Tratado de Versa-lles: un Estado Mayor del Ejército. En este sen-tido, Seeckt demostraría: por un lado, su adhe-sión a un proyecto y unos objetivos claros de potenciación de las capacidades militares ger-manas; por otro lado, su flexibilidad y capacidad de adaptación a la situación.

El «general esfinge» tuvo muchas caras, a pesar de la imagen pétrea, incluso glacial, que quiso proyectar. Existió, por tanto, otro Seeckt, […] el general capaz de romper a sus sesenta años con una trayectoria impecable, subvirtiendo la legalidad establecida por los aliados y formando un ejército paralelo en la sombra[2].

Apodado la esfinge, Seeckt era un oficial en la línea de la tradición militar prusiana. Sin embargo, ante el escenario que se le presentó, sus acciones al frente del *Reichswehr* se caracterizaron por el pragmatismo y la adaptación a esa adversa situación. Seeckt se caracterizaría además por el hecho de consagrarse desde el primer momento a un objetivo muy claro: potenciar las capacidades militares del ejército alemán[3].

2.- Del Castillo, 2020, 93.

3.- Citino, 2018, 324-325.

El concepto de ejército desarrollado por Seeckt constituiría la base sobre la cual se realizarían todas las posteriores reformas.

Seeckt concibió una pequeña fuerza móvil con un alto grado de profesionalización y [...] el nuevo equipamiento se encontraba entre los elementos más importantes de su planificado programa de desarrollo de cuadros, por lo que las reducidas dimensiones del ejército alemán supondrían una gran ventaja[4].

General Hans von Seeckt.

Las ideas sobre las que Seeckt edificaría el *Reichswehr* serían originales e imaginativas, igualmente no se verían constreñidas por convencionalismos contemporáneos, sino que al contrario podrían considerarse revolucionarias. Contrariamente a lo que se esperaría de un ejército disminuido rodeado de oponentes poderosos, desarrolla una postura orientada a la ofensiva.

[Seeckt] Cambia el estatus básico del ejército alemán. Con un pequeño ejército como es la *Reichswehr* ha de pasar a estrategias defensivas y no seguir con la pauta ofensiva, en la que no tiene posibilidad [...] En números redondos, los franceses podían movilizar en un tiempo relativamente corto hasta treinta divisiones, los polacos quizá veinte y los checos del orden de quince[5].

De esta forma y contra todo pronóstico, las líneas de actuación de Seeckt alejarían al *Reichswehr* de la hoja de ruta trazada por los postulados del Tratado de Versalles.

El Tratado de Rapallo: la colaboración germano-soviética

Entre las primeras acciones que tomarían las autoridades militares germanas destacaría la firma del Tratado de Rapallo en 1922, entre Alemania y la Unión Soviética.

Tras haber abandonado la guerra de manera unilateral en Brest-Litovsk, los bolcheviques se habían impuesto al ejército blanco en la guerra civil. Así, en el contexto internacional de la postguerra europea,

---

4.- Johnson, 2017, 18.

5.- Del Castillo, 2020, 87.

EL TRATADO DE RAPALLO

« **E**l Tratado de Rapallo de 1922 fue el resultado de una larga y difícil lucha por el derecho a una cooperación económica independiente y separada entre Rusia y Alemania al margen del frente capitalista internacional vinculante, que representaba una especie de trampa para Rusia», escribió Gueorgui Chicherin, Comisario del Pueblo para Asuntos Exteriores de Rusia. El 16 de abril de 1922 se firmó en la pequeña ciudad de Rapallo, cerca de Génova, el tratado entre los bolcheviques rusos y la Alemania de Weimar. Entre otras cosas, las partes acordaron una cooperación económica a largo plazo y también expresaron de manera informal su voluntad de establecer vínculos militares, obviando las restricciones impuestas por los Aliados. Además del incremento del comercio, comenzaría la cooperación militar: muy pronto comenzarían a funcionar las escuelas de aviación y de tanques del *Reichswehr*. Sin embargo, cuando los nazis subieron al poder en Alemania en 1933, todos estos proyectos conjuntos fueron inmediatamente restringidos por la parte soviética.

las potencias vencedoras dejaron a la Rusia bolchevique en una situación de marginalidad. La situación de aislamiento comercial a la que fueron sometidos por parte de los vencedores tanto Alemania como la URSS, motivó el acercamiento entre ambos países.

El tratado consolidaría unos vínculos comerciales muy favorables para ambos países. Además, Alemania lograría llevar a cabo un proyecto de colaboración militar lejos del control aliado[6].

Además, Ejército rojo constituiría durante los años veinte y principios de los treinta, una institución puntera en diversos ámbitos de la esfera militar.

De esta forma, el Tratado de Rapallo sentaría las bases de colaboración entre ambos países y entre sus objetivos estaría la creación de centros para el desarrollo de diversas especialidades militares: Kazan para vehículos acorazados, Lipetsk para aviación y Tomka (Saratov) para el desarrollo de armas químicas[7].

6.- Del Castillo, 2020, 102-105.

7.- Di Nardo, 2017, 7.

LOS CENTROS DE ENTRENAMIENTO EN RUSIA

Tras la firma del Tratado de Rapallo, en 1922, bolcheviques y teutones acordaron restablecer las relaciones diplomáticas y establecieron vínculos militares, auspiciados por el propio jefe del ejército alemán, Hans von Seeckt, quien afirmó: «La dictadura de Versalles sólo puede romperse a través del estrecho contacto con una Rusia fuerte.» Dicha cooperación estuvo envuelta en un halo de secreto, impulsado por la necesidad germana de burlar las cláusulas del Tratado de Versalles, vigente por aquel entonces. Con fondos enviados desde Berlín se abrieron varios centros de entrenamiento e investigación militar, no escatimando en gastos. Dichas escuelas estuvieron ubicadas en Lipetsk (a 400 km de Moscú); en Kama, cerca de Kazan (a 800 km de Moscú) y en Tomka (Saratov, a 900 km de Moscú), sirviendo la primera para proyectos aeronáuticos, la segunda para experimentación de unidades acorazadas y blindadas y la tercera, para experimentación de armas químicas.

Líneas de actuación y reformas aplicadas en el *Reichswehr*

Existen numerosos elementos clave para el éxito en el campo de batalla: el equipo, el liderazgo, la instrucción, la doctrina[8].

El Tratado de Versalles prohibía la tenencia de ciertos sistemas de armas por parte de Alemania. Del mismo modo, se limitaba el número de militares y de los medios permitidos. La intención del tratado era, a todas luces, limitar la capacidad bélica germana. Sin embargo, los dirigentes del *Reichswehr* convertirían las diferentes limitaciones en una ventaja, logrando el efecto contrario.

El reducido volumen de hombres y medios hacía necesario buscar maneras de potenciar las capacidades de las fuerzas presentes. En este sentido, cada soldado tendría que hacer lo de muchos, cada mando tendría que ser excelente en todos los ámbitos y los sistemas de armas tendrían que ser superiores a sus adversarios en todos los campos. Sólo de esta forma se podría hacer más con menos.

El aprovechamiento de la tecnología [...] permite extensos movimientos y una regularidad impensable años atrás. En definitiva, combinación de armas, velocidad en la realización y concentración de fuego[9].

8.- Cordell, et Zabecki, 2009, 9.

9.- Del Castillo, 2020, 215.

Así, el *Reichswehr* implementó una serie medidas para potenciar las capacidades militares de sus unidades en diversos ámbitos:

• Política de reclutamiento y personal: se llevó a cabo un importante proceso selectivo con el fin de que, pese al reducido número, se garantizase el mejor desempeño de los militares disponibles.

• Formación: el hecho de no disponer de ciertos medios no supuso una limitación para que los militares se formaran en las áreas que se consideraban de interés.

• Instrucción y adiestramiento: se llevarían a cabo múltiples ejercicios y maniobras a todos los niveles para mejorar el desempeño de los militares y de las unidades.

• Doctrina y combate interarmas: tras analizar concienzudamente el conflicto anterior, se desarrolló una doctrina fundamentada en la guerra de movimientos, la ofensiva como forma de combate predominante y donde se buscaba explotar todo el potencial de la correcta coordinación en el empleo de diferentes sistemas de armas.

• Desarrollo tecnológico: se llevaron a cabo diversos programas de experimentación y desarrollo de múltiples sistemas de armas consideradas vitales para llevar a cabo acciones ofensivas conforme a la guerra de movimientos.

Política de reclutamiento y personal

Ante la limitación cuantitativa de 100 000 hombres, Seeckt concebiría al ejército germano como una tropa de élite que pudiera constituirse en un «ejército de cuadros, una fuerza que proporcionaría los cuadros de mando de un ejército enormemente ampliado en el futuro»[10].

El hecho de que hubiera más aspirantes a formar parte del *Reichswehr* que plazas hizo posible hacer una cui-

Una de las facetas más importantes del *Reichsheer* fue la instrucción y el adiestramiento de la tropa.

dadosa selección de aquellos 100 000 hombres. En el caso de los oficiales, la selección se realizaría atendiendo a criterios como la formación y preparación, la eficacia demostrada en el servicio, inteligencia, tener una conducta intachable, así como la edad. También se valoró el haber per-

10.- Cordell, et Zabecki, 2009, 26.

tenecido al ejército profesional antes de 1914 o la pertenencia al Estado Mayor[11].

En cuanto al número de suboficiales, el tratado no especificaba nada al respecto. Así, Seeckt aprovechó esta situación y dotó al *Reichswehr* de un número proporcionalmente muy elevado de suboficiales. Éstos constituirían un núcleo muy instruido y capacitado que podría posteriormente promocionar para hacerse cargo de nuevas unidades[12].

Los exigentes criterios de selección y el reducido número del ejército convertirían al *Reichswehr* en un ejército de élite. «Todos sus hombres eran extraordinarios profesionales de carrera que conformarían el núcleo del ulterior ejército de campo»[13].

Por su parte, Truppenführung afirmaba que «debe exigirse a cada hombre, desde el soldado más joven hacia arriba, en todo momento y todas las situaciones, que aplique toda su fuerza mental, espiritual y física»[14].

Suboficial del *Reichsheer*. El Tratado de Versalles no especificaba nada acerca del número de suboficiales.

La combinación de un selecto grupo de militares con la realización de prácticas de formación en diversos sistemas de armas, sentaría las bases de la futura *Werhmacht* y el exponencial crecimiento del ejército alemán conforme a unos sólidos criterios de calidad. «Estos oficiales podrían formar posteriormente un pequeño cuadro capaz de instruir en dicha doctrina a la siguiente generación de discípulos»[15].

Estas políticas permitirían un espectacular crecimiento del ejército en la siguiente década. Entre 1935 y 1943, el cuerpo de oficiales del Ejército alemán aumentaría en un 64 por ciento, superando el número de 240.000 oficiales[16].

Es decir, en los años treinta el ejército no solo crecería, sino que sus miembros estaban sobradamente capacitados para asumir esa ampliación: había mandos capacitados para mandar las nuevas unidades y estarían instruidos en el empleo de los sistemas de armas que serían adquiridos.

11.- Muñoz, 2016, 19.

12.- Del Castillo, 2020, 87.

13.-Bishop, 2009, 10.

14.-Cordell, et Zabecki, 2009, 45.

15.- Johnson, 2017, 18.

16.- Cordell, et Zabecki, 2009, 26.

Por otro lado, las políticas de reclutamiento y personal diseñadas por el Tratado de Versalles para el Ejército alemán buscaban limitar su capacidad de movilización de un ejército de masas. Sin embargo, el resultado sería bien distinto:

El proyecto aliado de reducir el ejército alemán –obligando a sus integrantes a servir muchos años en sus filas con objeto de evitar la existencia de reemplazos entrenados–, sólo sirvió realmente para crear una enorme fuerza de futuros oficiales y suboficiales perfectamente entrenados que llegado el momento, se desdoblaron para encuadrar un gran número de divisiones[17].

Además, la situación de inestabilidad, combinada con la disolución de unidades militares, fomentó el que muchos militares que no habían sido seleccionados para formar parte del limitado *Reichswehr* se unieran formando parte de los llamados *freikorps*. Estos grupos armados se convirtieron en unidades para-militares, aumentando de facto el número de efectivos en una suerte de tropas reservistas dispuestas y motivadas. Los reclutas de los *Freikorps* fueron atraídos por una inestable mezcla de ultranacionalismo, el deseo de conjurar la humillación de la derrota alemana en la guerra, el odio a la izquierda y el miedo visceral a una insurrección de los bolcheviques[18].

En suma, la política de personal se realizaría sobre la base de reclutar en el corto plazo a los mejores y desarrollar altos niveles de exigencia posteriormente, al tiempo de disponer de unidades para-militares o de reservistas. Con todo ello, en el largo plazo, se podría extender la base de unidades que conformaba el *Reichswehr*.

Formación

Las limitaciones impuestas no supusieron un freno en la formación de los militares. Los programas de formación constituyeron uno de los objetivos fundamentales del *Reichswehr*.

El Tratado de Versalles abolió la Academia de Guerra. Lo cual suponía de nuevo una fuerte limitación en la formación de los cuadros de mando. Sin embargo, pronto se crearían diversas escuelas en las

Vestuario del *Reichwehr*. Jóvenes reclutas son provistos de uniformes.

17.- Muñoz, 2016, 16.
18.- Clark, 2016, 744.

divisiones que actuarían como revulsivo y donde se realizaría la formación de los militares.

Oficiales en el puesto de mando durante unos ejercicios.

En lo que respecta a la formación básica de los oficiales, se daba mucha importancia a la táctica y a la historia militar. Además, se favorecía la enseñanza práctica en el mando de unidades y el empleo coordinado de los diferentes sistemas de armas: «lo fundamental era que los futuros oficiales aprendiesen a manejar un batallón reforzado, conociesen el combate con armas combinadas y se familiarizasen con la guerra de movimientos»[19].

A pesar de la carencia de ciertos sistemas de armas, ya fuera por el hecho de que estuvieran prohibidos o por las limitaciones presupuestarias, en ningún caso eran los militares germanos ajenos al empleo de dichos medios. Gracias al ambicioso programa de instrucción en colaboración con la URSS, en las fuerzas armadas germanas había una gran cantidad de cuadros de mando experimentados en el empleo de todas aquellas nuevas armas[20].

Durante su permanencia en los centros de formación en la URSS, el personal se formaba en diversos ámbitos: se realizaban teóricas para posteriormente realizar prácticas donde los alumnos aprendían a desempeñar diferentes puestos tácticos y también se debatía doctrinalmente. Diversas empresas germanas también estaban implicadas en los desarrollos y ofrecían soluciones técnicas y demostraciones de prototipos[21].

19.- Muñoz, 2016, 21.
20.- Guderian, 2011, 164-165.
21.- Johnson, 2017, 18-22.

Los conocimientos adquiridos en los centros de entrenamiento soviéticos serían fundamentales para los futuros oficiales de la *Wehrmacht*. Por ejemplo, gran parte del alumnado de Kama, alcanzaría el rango de general de división durante el posterior conflicto[22].

Con el fin de llevar a cabo estas actividades a espaldas del control aliado, el gobierno alemán tomaría todo tipo de precauciones: los rusos dotaban a los cadetes de pasaportes y visados falsos, toda vez que en origen se cambiaban el nombre y apellidos por supuestos alias. Eran personas que habían vuelto a adquirir de forma transitoria naturaleza civil […]. El tránsito de estos oficiales camuflados se realizaba […] vestidos de paisano y en parejas. […] Para no excitar los recelos ni de las propias patrullas rusas, y ante cualquier demanda inesperada, se presentaban como empresarios alemanes interesados en asentar nuevas inversiones en territorio soviético[23].

Por último, también cabe destacar la experiencia de combate que tenía gran parte de los cuadros de mando. Muchos de los oficiales generales que mandaron unidades en combate durante la segunda conflagración mundial habían sido jefes de sección y compañía en unidades durante la Gran Guerra. Igualmente, en conflictos como la Guerra Civil Española u operaciones militares como la ocupación de los Sudetes o el *Anschluss*, los militares germanos podrían aplicar de forma práctica las tácticas desarrolladas durante el periodo de entreguerras.

Tres sirvientes de una ametralladora pesada, a la carrera con la máquina, salvando un obstáculo.

Instrucción y adiestramiento

La idea de la necesidad de instruir a los combatientes y adiestrar a las unidades militares se encontraba firmemente arraigada en la concepción de la guerra germana. Durante el periodo de entreguerras se llevarían a cabo múltiples ejercicios y maniobras a todos los niveles.

22.- Johnson, 2017, 21.
23.- Del Castillo, 2020, 202.

Ante las limitaciones económicas, los alemanes optarían por realizar agotadores ejercicios enfocados en el adiestramiento de los estados mayores de las unidades y donde se simularía la conducción de las operaciones mediante el despliegue de redes de mando y control[24].

Igualmente, se realizarían ejercicios que buscaban la instrucción y el adiestramiento de las unidades. Durante aquellos años también se desarrollarían maniobras y ejercicios donde se instruía al personal y a las unidades sobre la base de imitaciones de tanques. En aquellos ejercicios se realizaba una instrucción simulada en campos de entrenamiento donde mandos y tropa desarrollarían tácticas de combate y lecciones aprendidas, así como las prescripciones técnicas para los futuros blindados[25].

La mayor parte de los ejercicios realizados en el periodo en el que Seeckt era el jefe del *Reichswehr* se orientaban hacia un posible enfrentamiento con el ejército polaco. Durante la ejecución de las maniobras, la prensa así como diversos observadores internacionales eran invitados. Con todo lo cual, «Seeckt buscaba convencer al público extranjero: el Reich cumple, su intención es correcta y no hay nada de fraudulento en su comportamiento»[26].

En todo caso, lo incuestionable es el hecho de que aquellos ejercicios fomentaban un correcto desempeño de los combatientes y las unidades en sus respectivos puestos tácticos y el desarrollo de los cometidos asignados. Los germanos consideraban que la instrucción y el adiestramiento constituían pilares fundamentales para potenciar sus capacidades militares.

Carros de combate simulados preparados para hacer ejercicios. Los coches sobre los que se apoyan son BMW 3/15 PS, primer vehículo fabricado por esta empresa en los años 20.

24.- Citino, 2018, 338-341.

25.- Guderian, 2011, 202-203.

26.- Del Castillo, 2020, 80.

Doctrina conforme a la guerra de movimientos y combate interarmas

Con el fin de extraer el mayor número de conclusiones tras la Gran Guerra, se inició una suerte de procedimiento de lecciones aprendidas. Cientos de oficiales veteranos del conflicto participaron en aquel programa para analizar cuestiones tácticas del anterior conflicto. Se exigía realizar un informe conciso, de no más de cuatro folios, que versara sobre ciertas cuestiones predefinidas: circunstancias imprevistas que surgieron, desempeño de la respuesta según las tácticas anteriores al conflicto, formas de empleo mediante el uso de nuevas armas y problemas aparecidos que no habían sido solucionados[27].

Todo lo cual facilitaría un análisis de la táctica de la Primera Guerra Mundial y contribuiría a desarrollar el manual básico doctrinal del *Reichswehr*: *Truppenführung*. Como se ha dicho, *Truppenführung* constituye un corpus doctrinal continuista con la forma germana de hacer la guerra[28].

No obstante, la conclusión principal a la que llegaron los analistas germanos fue que si quería alcanzar la victoria en una nueva conflagración, Alemania no podía conducirla conforme a una guerra estática y de desgaste como la Primera Guerra Mundial. Era necesario recuperar y renovar la guerra de movimientos. Pese a su inferioridad humana y material y a la desventaja estratégica de tener que combatir en dos frentes simultáneos, Alemania podía alcanzar la victoria en una serie de movimientos audaces y contundentes contra sus adversarios.

Oficiales y suboficiales del *Reichswehr*. La guerra de movimientos fue el caballo de batalla de la formación del ejército alemán de entreguerras.

27.- Del Castillo, 2020, 81-83.

28.- Cordell, et Zabecki, 2009, 11.

De esta manera, la doctrina básica de la *Blitzkrieg* o guerra relámpago estaría firmemente enraizada en la tradicional concepción bélica prusiano-germana donde un pequeño estado con una fuerza inferior, mediante una maniobra arriesgada, audaz y contundente, buscaba destruir a su oponente en una campaña de aniquilación[29].

La *Blitzkrieg* o la guerra relámpago, la constituyeron rápidos movimientos en la profundidad del despliegue enemigo de grupos pequeños aunque bien armados, bordeando los puntos fuertes de la defensa enemiga y tratando de romper la continuidad defensiva para posteriormente destruir o capturar a los elementos aislados. Los ataques se llevaban a cabo, al igual que la explotación del éxito, al ritmo de vehículos acorazados […]. Sembrando la duda, la confusión, el rumor y el pánico en el campo de batalla[30].

Para garantizar el éxito de esas acciones, el aprovechamiento de nuevos sistemas de armas y una apropiada ejecución apoyada en el combate interarmas resultaría fundamental.

Seeckt desarrolló una nueva doctrina militar denominada de «las armas combinadas», donde incluyó la aviación y los carros de combate, junto a las armas tradicionales –infantería, caballería, artillería y zapadores–. El objetivo era mantener viva la «guerra de movimientos»[31].

Militares que habían combatido en la Primera Guerra Mundial, como Heinz Guderian, verían en aquel conflicto de desgaste un erróneo empleo de la infantería. Así mismo, algunos teóricos como Guderian, afirmaban que el empleo de los carros de combate requería de una reformulación del apoyo de la artillería y de nuevas armas que pudieran avanzar al ritmo de aquellos medios con el fin de darles el necesario apoyo[32].

Una de las unidades fundamentales del Ejército alemán, la división panzer, debería gran parte de su efectividad a la equilibrada combinación en el empleo de las diferentes armas y apoyos de combate[33].

29.- Citino, 2018, 16-17.
30.- Smith, 2006, 132.
31.- Muñoz, 2016, 23.
32.- Guderian, 2011, 74-75.
33.- Cordell, et Zabecki, 2009, 11.

Si bien Guderian afirmaba que los carros de combate constituían el medio principal para obtener la victoria, esta dependía de la interacción con el resto de armas: la aviación para el reconocimiento y el apoyo cercano, la acción de la artillería, el empleo de armas químicas, los zapadores, las unidades aerotransportables y las de defensa contracarro[34].

La complejidad [...] viene dada por la necesaria colaboración de todas las armas disponibles en la batalla –tierra y aire–, siendo necesaria la participación en un mismo momento de blindados, artillería, aviación o infantería. Obviamente, la coordinación de tantos elementos [...] hace que la *Blitzkrieg* responda a un planeamiento arduo, donde la logística y, no sólo la táctica, pesan como factor de primer orden[35].

Para ser capaces de conducir operaciones militares que integrarán todos aquellos sistemas de armas y diferentes capacidades sería necesario dotar a las unidades de unos adecuados medios de mando y control. «La sincronización de la acción de los medios acorazados con la infantería, la artillería y los medios aéreos, sólo sería posible mediante la introducción de la radio»[36].

Truppenführung, el cuerpo doctrinal alemán, afirma que:

El objetivo de los elementos de las armas combinadas en un ataque es apoyar la acción decisiva de la infantería, con una potencia de fuego y un efecto de choque suficiente contra el enemigo. [...] Todas las armas que participan en un ataque deben conocer las capacidades y limitaciones de las demás. Deben mantener unas comunicaciones estrechas y continuas entre sí[37].

Por todo lo cual, se distribuirían un elevado número de dispositivos radio HF y VHF con el fin de garantizar el mando y control, así como la coordinación de los diferentes sistemas de armas.

34.- Guderian, 2011, 241-25.
35.- Del Castillo, 2020, 216.
36.- Smith, 2006, 129.
37.- Cordell, et Zabecki, 2009, 168

Mando

Pese a todas las limitaciones que sufrió la Alemania de la postgue-rra, el mando del *Reichswehr* tendría claros sus objetivos y desarrolla-ría mecanismos imaginativos para llevar dichos objetivos a término.

Mando del III Batallón del 21° Regimiento de Infante-ría de Bayreuth. 1928.

En este sentido, durante el periodo de entreguerras y práctica-mente desde el fin de la Primera Guerra Mundial, la cúpula militar germana se volcaría en la consecución del objetivo de mantener y potenciar sus capacidades militares, así como prepararse para un potencial conflicto. Igualmente, se aplicarían las reformas necesa-rias en diversos ámbitos de la institución militar.

El Tratado de Versalles supuso la abolición del Gran Estado Mayor General. Esto suponía de facto una fuerte limitación de la capacidad de planeamiento y dirección para el *Reichswehr*.

Con el fin de contrarrestar dicha limitación se crearía la Sección de Tropas e Instrucción o *Truppenamt*. En la práctica, la *Truppenamt* realizaría las funciones de un Estado Mayor del Ejército. El orga-nismo se dividía en secciones que dan una idea de sus líneas de actuación: empleo del Ejército, organización, estadística y ejércitos extranjeros, instrucción, defensa y transporte[38].

Las diferentes secciones de la *Truppenamt* se nombraban común-mente con una letra T seguida de un numeral. Si bien cada sección tenía una misión oficial ligada a esa función de Tropas e Instrucción, en la práctica cada T desarrollaba ambiciosos planes de instrucción en todos sistemas de armas[39].

38.- Muñoz, 2016, 11.
39.- Del Castillo, 2020, 77-79.

Por otro lado, la dirección del *Reichswehr* diseñaría una línea de acción coherente con los objetivos definidos en el medio plazo y actuaría en consonancia. Así, las reformas introducidas por Seeckt y sus sucesores buscaban siempre el disponer de unas fuerzas armadas preparadas para el combate.

Todo lo cual permitiría que el *Reichswehr* se mantuviera activo en los ámbitos del planeamiento, la realización de maniobras y ejercicios, así como en la dirección de la formación de sus cuadros de mando en los campos de interés[40].

Una formación de soldados del *Reichswehr*.

Estilo de mando y liderazgo

Durante el periodo de entreguerras, el concepto de básico de *Auftragstaktik*, o ese estilo genuino de mando prusiano, continuaría desarrollándose y adaptándose a los cambios.

De esta forma, en el periodo en que Seeckt asume el mando del *Reichswehr*, el estilo de mando prusiano no dejaría de evolucionar para ser cada vez más flexible y así poder adaptarse rápidamente a los condicionantes de la conducción de las operaciones:

Surgen términos como flexibilidad, movilidad e iniciativa: iniciativa y decisión que desea inculcar a los soldados ya incluso desde el pelotón para responder con diligencia, proponer acciones, plantear cambios de órdenes, advertir posibilidades o superar dificultades que puedan pasar por alto a ojos de la oficialidad[41].

Esta concepción del mando y la conducción de las operaciones, en el que todos los escalones de mando tenían posibilidad de actuar con iniciativa, así como una fuerte responsabilidad, constituiría un principio de actuación fundamental entre los militares germanos. Así, las unidades alemanas conseguirían adaptarse rápidamente a las particularidades derivadas del combate y aprovechar las opor-

---

40.- Citino, 2018, 322-323.
41.- Del Castillo, 2020, 84.

tunidades que se les presentaban, donde el estilo de mando de otros ejércitos contemporáneos frenaba tal libertad de acción.

Del mismo modo Seeckt afirmaba que «las órdenes, lejos de escribirse y enviarse por vía oficial, de general a coronel […] haciendo perder un tiempo valiosísimo, se den verbalmente, con claridad y brevedad, y, sin circunscripción, usando los medios más a mano»[42].

La doctrina recogida en *Truppenführung* recogía estas ideas en diversos principios:

Una vez que se ha iniciado una línea de acción, no debe abandonarse sin una razón apremiante. Sin embargo, en las cambiantes situaciones del combate, aferrarse de forma inflexible a una línea de acción puede conducir al fracaso. El arte del mando consiste en el oportuno reconocimiento de las circunstancias y del momento en que se requiere una nueva decisión. El comandante debe permitir a sus subordinados libertad de acción, siempre y cuando ello no afecte negativamente a su intención en conjunto[43].

El general Von Seeckt con su ayudante de campo, asiste a unos ejercicios militares.

De esta manera, en la concepción de la conducción germana, se anteponía la claridad en la misión y el propósito del jefe antes que en otros aspectos.

Así, la *Auftragstaktik* se basaba precisamente en que los comandantes de la fuerza se centraran en decir a sus subordinados qué tenían que hacer, más que en el cómo debían hacerlo[44].

A pesar de todos los cambios e innovaciones tecnológicas, el estilo tradicional característico de mando prusiano consiguió adaptarse a la evolución del ritmo de la guerra moderna.

La combinación de flexibilidad, responsabilidad, sencillez y rapidez garantizarían un mejor desempeño de las unidades alemanas en muchas campañas de la Segunda Guerra Mundial.

42.- Del Castillo, 2020, 85.

43.- Cordell, et Zabecki, 2009, 11.

44.- Cordell, et Zabecki, 2009, 23.

Oficial de infantería.

Desarrollo tecnológico y experimentación

Maniobras del *Reichwehr*. Los militares operan las transmisiones sobre un remolque, dotados de máscaras antigás.

La prohibición de disponer de ciertos sistemas de armas, buscaba mermar la capacidad militar germana. Sin embargo y ante las soluciones imaginativas aplicadas dentro del *Reichswehr*, las limitaciones del Tratado de Versalles tuvieron el efecto contrario ya que «lejos de ser un contratiempo insuperable, significó la oportunidad de hacer tabula rasa y empezar de nuevo»[45].

Así, pese a las limitaciones impuestas, el reducido volumen de las fuerzas armadas germanas favorecería la dotación de un equipamiento, armamento y medios tecnológicamente más avanzados[46].

En los campos de entrenamiento de la URSS se llevarían a cabo programas de experimentación con diferentes sistemas de armas: Kama serviría como campo de entrenamiento para medios acorazados, Saratov para la experimentación en guerra química y en Lipetsk se trabajaría en el campo de los medios aéreos. Por último y fuera del ámbito del *Reichswehr*, Alemania llevaría a cabo un ambicioso desarrollo del arma submarina.

Mientras se transmitía a la prensa y los observadores internacionales la idea de que el *Reichswehr* se comportaba conforme a lo estipulado en el Tratado de Versalles a través de la realización de ejercicios y maniobras en Alemania, «Seeckt formaba cuadros para la instrucción de las tropas, probaba aviones de combate modernísimos, ensayaba con carros y acrecentaba la experimentación química para la guerra»[47].

45.- Del Castillo, 2020, 161.
46.- Johnson, 2017, 18.
47.- Del Castillo, 2020, 80.

De nuevo, se buscaba la ventaja a través del empleo de cualquier sistema de armas que favoreciese la doctrina de la guerra de movimientos y potenciara el desempeño de unas fuerzas limitadas en número. A pesar de todo lo cual, *Truppenführung* recogía que «el factor decisivo, pese a la tecnología y el armamento, es el valor del soldado individual»[48].

Medios acorazados

En la región rusa de Kazán, se situó el campo de entrenamiento conocido como Kama y donde se establecería la *Panzertruppenschule* o escuela de carros de combate.

Si bien durante la guerra mundial los alemanes no habían desarrollado tanto los medios acorazados como las potencias aliadas, en el periodo de entreguerras desarrollaron un activo programa en este ámbito de experimentación.

Ya desde 1925 se comenzarían a desarrollar proyectos denominados *Grosstraktor* o gran tractor[49]. En 1927 empezarían las clases en la *Panzertruppenschule* de Kama:

> Dentro de las instalaciones los cadetes vestían uniformes soviéticos pero, en caso de salir, debían emplear indumentaria civil. [...] Había doce carros para el desarrollo de las actividades prácticas, en su mayoría de fabricación clandestina alemana, aunque también británicos y franceses (Renault FT), importados por los rusos legalmente. Los carros alemanes llegaban desmontados, en piezas pequeñas y metidos en cajas de embalaje forradas y disimuladas como utensilios para la agricultura o maquinarias de otro tipo[50].

Uno de los prototipos de «*Grosstraktor*» expuesto en un acuartelamien to del Panzer Regt. 5, en Wündsdorf, en 1936.

48.- Cordell, et Zabecki, 2009, 45.
49.- Töppel, 2017, 11.
50.- Del Castillo, 2020, 204.

Uno de los pocos blinda-
dos ficticios estandariza-
dos que empleó el *Rei-
chswehr* en maniobras, fue
éste mostrado en la foto-
grafía, basado en el vehículo civil Adler 6.

Los cuadros de mando germanos que visitaban Kama desarro-
llaban actividades teórico-prácticas en el ámbito de la táctica y el
empleo de los diferentes medios acorazados. Durante las actividades, también se encontrarían presentes diversos representantes del
sector industrial germano.

> Empresas como Rheindmetall, Daimler-Benz y Krupp habían
> fabricado los prototipos y, junto a los oficiales destinados a los cursos,
> remitían operarios civiles tales como especialistas en electricidad, en
> radio y peritos en equipos ópticos»[51].

Durante las colaboraciones se extraían lecciones aprendidas y
se desarrollarían las bases teóricas sobre las que posteriormente se
construirían y emplearían dichos medios. Así, en Kama «se extra-
jeron todas las especificaciones para los principales tanques alemanes de la Segunda Guerra Mundial[52].

Por otro lado, el hecho de no contar con extensos inventarios de
vehículos blindados obsoletos, como sucedía en los ejércitos francés
o británico, permitiría a los germanos experimentar de cero con
diversos tipos de carros y desarrollar medios más innovadores[53].
Al no disponer de aquellos sistemas de armas, los alemanes parti-
rían de cero. De esta forma, podrían desarrollar los medios conforme a sus necesidades y adecuados para el tipo de tácticas que
pretendían llevar a cabo.

51.- Del Castillo, 2020, 204.

52.- Johnson, 2017, 21.

53.- Di Nardo, 2017, 7.

Había muchos problemas por resolver en respuesta de los elementos técnicos de las máquinas: desde tipos y características de los carros, muchas veces prototipos que no pasaban de una primera fase, tácticas de combate, mecanismos diversos, maniobrabilidad, capacidad de adaptación al terreno, adherencia en humedales, zonas pedregosas, pantanosas, administración del gasto en combustible, tiro en combate, movimiento o estático y provisiones de munición, y también aspectos logísticos, así como respuesta al ataque de otros blindados, posicionamiento, ataque de ruptura y profundidad[54].

Arriba. Medios motorizados del Reichswehr junto a los incipientes blindados simulados Adler 6, para el entrenamiento de las unidades.

Abajo. En Kama (URSS), se utilizaron este tipo de carros de combate simulados para el adiestramiento de las tropas acorazadas.

Por el contrario, los adversarios aliados ya disponían de importantes números de medios acorazados. Esto haría que muchos ejércitos aliados malgastaran tiempo y recursos en el mantenimiento de los medios ya existentes y no se decantarán por el desarrollo de unos nuevos o más avanzados. Pero la mayoría estaban obsoletos al estar concebidos sobre la base de las tácticas de la Primera Guerra Mundial.

No obstante, y pese a la voluntad de convertir al *Reichswehr* en una estructura completamente motorizada, la industria germana no podría abastecer de la ingente cantidad de vehículos a todas las unidades y gran parte de la realidad del ejército alemán continuaba siendo hipomóvil. Durante la Segunda Guerra Mundial el ejército seguía dependiendo en gran medida del transporte

54.- Di Nardo, 2017, 7.

sobre acémilas y caballos, sobre todo en las líneas logísticas y las divisiones de infantería[55].

En suma, el *Reichswehr* desarrollaría unas actividades en el campo de Kama que potenciaría sus capacidades militares en dos sentidos:

• Los cuadros de mando se instruirían en el empleo de los medios acorazados de una manera efectiva.

• Los empresarios germanos obtendrían información y experiencias de primera mano respecto a los requerimientos técnicos de los carros de combate que se desarrollarían posteriormente.

En los seis años de desarrollo de la *Panzertruppenschule*, cabe destacar la estrecha cooperación entre militares y empresarios. El trabajo coordinado entre ambos sectores, en unas condiciones cercanas a la realidad y a las experiencias prácticas de los militares, favorecerían la adecuación de los medios desarrollados por la industria germana a las necesidades militares.

Guerra Química

En la región de Saratov, a unos 900 km al sureste de Moscú, se llevaría a cabo la experimentación en el ámbito de la guerra química.

Tanto Alemania como Rusia habían desarrollado y empleado con profusión agentes químicos ofensivos durante el conflicto europeo. Tras el conflicto mundial, los líderes militares germanos consideraban que la guerra química «iba a ser decisiva para el futuro. Había habido una nueva arma y no podía ser desaprovechada»[56]. Sin embargo, tras la Primera Guerra Mundial, el empleo de estos agentes químicos se vería limitado por los Protocolos de Ginebra de 1925. De esta forma y en este ámbito, la limitación en el empleo de estos medios no sería exclusiva para Alemania sino para todos los países firmantes.

En el marco de la colaboración germano-

Equipo de científicos y militares alemanes en Tomka (Saratov- URSS) en las instalaciones allí organizadas para la experimentación de la guerra química.

55.- Bishop, 2009, 8.
56.- Del Castillo, 2020, 151.

soviética posterior al Tratado de Rapallo, se montarían un conjunto de instalaciones conocidas con el nombre clave de Tomka, donde se fabricarían gases con fines bélicos de manera conjunta entre alemanes y soviéticos. En paralelo se crearía un área de pruebas de gas o *Gas-Testgelände* donde se llevarían a cabo experimentos en el empleo de los gases producidos. La empresa, llamada Bersol AG, suministraría gases a ambos países hasta su cierre en 1933[57].

Así, puede decirse que el *Reichswehr* mantuvo su capacidad militar en el ámbito de la guerra química, no quedándose atrás frente a otros ejércitos contemporáneos.

Medios de comunicaciones: mando y control

Al inicio de la Primera Guerra Mundial, las unidades de los diferentes ejércitos europeos tenían unos de medios de transmisiones muy reducidos. Cada división encuadraba una pequeña unidad de transmisiones de diferente entidad y que se encargaba fundamentalmente de realizar tendidos telefónicos y telegráficos. En 1914, las divisiones tipo tenían encuadradas unidades de transmisiones de diferente entidad: desde la británica que tenía una compañía hasta la alemana que disponía de tan solo un pelotón[58].

Durante la Primera Guerra Mundial se produjo un espectacular desarrollo de los medios de telecomunicaciones. El concepto de mando y control evolucionó significativamente con la introducción en masa de la radio o telefonía sin hilos.

Equipo de radio ligero del *Reichswerh*. Las tropas alemanas fueron superiores a otros ejércitos de la época en el empleo de las telecomunicaciones.

Las comunicaciones jugaban un papel fundamental en el mando de las unidades, por ello la radio constituyó un elemento clave y se proveyó a todos los carros de medios de transmisiones. Para Guderian, al dotar a «todo tanque moderno de un receptor, todo tanque principal de receptor y emisor.

57.- Del Castillo, 2020, 152-155.
58.- Frías, 2018.

Queda, […] garantizada la dirección de las unidades blindadas mediante mando y orden»[59].

Remolque hipomóvil destinado a transportar equipos de radio de unidades tipo batallón o regimiento.

Posteriormente, durante la Segunda Guerra Mundial, el ejército alemán se impondría a sus adversarios gracias a la acción coordinada de sus unidades mediante el uso de los medios radio. La profusión en el uso de la radio suponía un elevado flujo de información donde cuarteles generales y unidades se encontraban mutuamente informados de la situación mediante las cuales se podían llevar a cabo acciones coordinadas.

Las divisiones de infantería contarían con un batallón o grupo de transmisiones. Generalmente un grupo de transmisiones estaría formado por una compañía de radio, una compañía de telefonía por hilos y una unidad de parque y abastecimiento de material.

Siguiendo el manual doctrinal *Truppenführung* se especifica que:

El cable y la radio son los principales medios de comunicación desde las unidades de transmisiones. Pueden emplearse otras comunicaciones técnicas, incluidas las palomas mensajeras y los perros mensajeros en casos especiales. […] La radio se utiliza principalmente para la transmisión de del tráfico de comunicaciones del mando. La

---

59.- Guderian, 2011, 254.

radio también es importante para las comunicaciones entre las unidades terrestres y los aviones, y entre aviones[60].

Por un lado, las compañías de radio eran las encargadas de garantizar el enlace entre los diferentes puestos de mando o el cuartel general de la división y los puestos de mando regimentales en situaciones en las que las unidades se encontraban en movimiento o en sucesivos saltos. Los medios HF y VHF presentes en las diferentes unidades de la división permitían, dada la rapidez con que se desplegaban y la flexibilidad de su empleo, adaptarse a la guerra de movimientos preconizada en la doctrina germana.

Por su parte, las compañías de telefonía se encargaban de materializar redes telefónicas semipermanentes cuando las condiciones de combate se estabilizaban permitiendo el despliegue de tendidos físicos.

Instalaciones aeronáuticas en Lipestk (URSS), donde se entrenaron los pilotos y aviadores alemanes hasta 1933.

La profusión en el empleo de la radio permitió «la comunicación entre los diferentes elementos, en este caso carros de combate, junto con artillería, aviación y mandos de infantería»[61].

Así, los germanos desarrollarían unos sistemas de mando y control sobre la base de medios radio flexibles.

Unidades paracaidistas y envolvimiento vertical

Durante la Primera Guerra Mundial, al igual que en otros países beligerantes, la fuerza aérea constituiría una rama más dentro del ejército alemán. A lo largo de dicho conflicto se produciría un espectacular desarrollo de la aeronáutica, así como de elementos como el paracaídas, que sería empleado en dicho conflicto por personal operador de globos aerostáticos u otras aeronaves con el fin de poder salvarse ante un incidente con dichos medios.

En 1918, a finales del conflicto, los estadounidenses empiezan a considerar el empleo masivo de paracaidistas con el fin de lanzarse sobre objetivos militares y así comenzarían a desarrollarse las teorías de envolvimiento vertical. Por su parte, el Ejército italiano también

---

60.- Cordell, et Zabecki, 2009, 364-365.
61.- Del Castillo, 2020, 209.

experimentaría con el empleo de paracaidistas en el periodo posterior al fin de la primera contienda europea[62].

Tras la firma del Tratado de Rapallo se llevaron a cabo actividades de colaboración en Lipetsk en las que personal militar alemán se formaría como piloto y mecánico de aviones de combate.

Aquellos cuadros de mando continuarían perfeccionando la formación recibida en la URSS en los clubes y academias civiles presentes en Alemania. Igualmente, comenzaría a desarrollarse una importante actividad comercial a través de la compañía *Lufthansa* y que tendría relaciones con el *Reichswehr* y la instrucción de sus pilotos[63].

Durante los años 20, sería el Ejército Rojo el que destacaría en el desarrollo de la concepción de operaciones aerotransportadas a gran escala. Se crearían unidades paracaidistas y se llevarían a cabo importantes maniobras en las que unidades aerotransportadas tomarían puntos clave. Personal del *Reichswehr* entre los que se encontraría Kurt Student serían testigos del desempeño de aquellas unidades y llevarían las lecciones aprendidas a Alemania tras su estancia en la URSS[64].

Dornier P. Bombardero encubierto fabricado en Alemania en 1930 por la empresa aeronáutica Dornier. Fue utilizado como transporte y enviado a Lipetsk para experimentación. Quedó en poder de los rusos cuando se cerró el programa, en octubre de 1933.

Posteriormente, con la creación de la *Luftwaffe* los militares germanos constituirían unidades paracaidistas conforme a las experiencias adquiridas en la URSS.

62.- González, 2012, 13-14.
63.- Del Castillo, 2020, 162-163.
64.- González, 2012, 14-15.

Otros campos de experimentación y desarrollo

En general, la industria germana realizaría múltiples desarrollos que aventajarían tecnológicamente a los de sus adversarios, otorgando al Ejército alemán superioridad en muchos campos.

En cuanto al equipamiento del combatiente individual, desde el casco *Stahlhelm* cuya forma imitan múltiples modelos actuales a la introducción de los patrones de camuflaje como el tipo «de astilla».

También se buscaría dotar al combatiente de las mejores armas individuales: así se dotaría a los soldados con fusiles como el FG42 o el STG44, precursores de los modernos fusiles de asalto. Igualmente, las unidades germanas dispondrían de rudimentarios sistemas de visión nocturna.

Armas colectivas como la ametralladora MG42 o el cartucho 9 mm parabellum, son aún empleados con profusión por muchas fuerzas armadas actuales.

Durante el conflicto también se desarrollarían sistemas como la carga hueca y se implementarían permanentes mejoras en los sistemas de armas como los carros de combate, las piezas de artillería, los aviones o las comunicaciones y los sistemas de cifrado.

En ese sentido, puede decirse que el Ejército alemán siempre buscaría alcanzar la ventaja tecnológica como un medio más para alcanzar la victoria sobre sus oponentes.

Otra de las armas desarrolladas en esa época fue el cañón antiaéreo de 88 mm Flak 18.

LOS ENEMIGOS FRENTE A FRENTE: TENSIÓN ENTRE LOS EJÉRCITOS ALEMÁN Y FRANCÉS EN EL PERÍODO DE ENTREGUERRAS

Militares franceses pasando una línea de alambradas en la batalla de Verdún.

Las reformas implementadas en el *Reichswehr* deben analizarse contextualizadas en el periodo de entreguerras. Para ello resulta de utilidad confrontar éstas a las que llevo a cabo el ejercito de tierra más poderoso y referente de aquel momento: el ejército francés.

El ejército francés como referente

La victoria aliada en la Primera Guerra Mundial se basó, en gran medida, en la resiliencia del ejército francés. Francia, que había conseguido aguantar la fuerte acometida germana durante la ofensiva de 1914 y frenar el impulso alemán a través de operaciones como el llamado «milagro del Marne», fue capaz de sostener un esfuerzo bélico nada desdeñable durante cuatro años de un intenso conflicto dentro de los límites de sus fronteras.

Por otro lado, la contribución a los combates terrestres en Francia de Reino Unido, cuya tradición insular fomentaba la existencia de un pequeño ejército terrestre frente a otras potencias europeas, se haría a través de una discreta *British Expeditionary Force* (BEF).

De esta forma se depositaba sobre el Ejército francés el peso en recursos humanos y materiales para oponerse al Ejército alemán. Así, con la victoria aliada el Ejército francés se convertía así en la maquinaria bélica por excelencia de la postguerra europea.

Francia y Alemania se habían convertido en potencias rivales después de haber sostenido dos conflictos muy cercanos en el tiempo durante la Guerra Franco-Prusiana y la Primera Guerra Mundial. Por su parte y tras la paz de 1918, Francia también se prepararía para oponerse de nuevo en un enfrentamiento contra Alemania.

Durante el periodo de entreguerras Francia desarrolló un importante plan defensivo para oponerse a un hipotético ataque germano.

El Ejército francés frente al Ejército alemán

Mecanización y medios blindados

Durante la Gran Guerra ya se había demostrado la importancia de disponer de medios de transporte para desplazar rápidamente a las tropas de un lugar a otro del campo de batalla. Así lo atestiguaban acciones como la Batalla del Marne cuando fue necesario recurrir a todo tipo de medios de transporte, incluidos los taxis de la capital para efectuar el redespliegue francés.

Por su parte, durante dicho conflicto los aliados habían desarrollado mucho más los blindados que los alemanes. Gran Bretaña, Francia y los EE. UU. produjeron una ingente cantidad de ingenios acorazados frente a las exiguas cifras que produjera la industria alemana[1].

Tras la Primera Guerra Mundial, diversos ejércitos abordaron la cuestión sobre la mecanización. Es decir, la transición de unas estructuras militares sobre la base de unidades hipomóviles a la adopción masiva de medios de tracción mecánica.

Cartel de la Primera Guerra Mundial llamando a un último esfuerzo para ganar la guerra

Alemania tenía dificultades para mecanizarse debido fundamentalmente a dos factores: la prohibición explícita de disponer de medios acorazados y el hecho de que no se encontraba a la altura

1.- Guderian, 2011, 161-162.

de países como Reino Unido o Francia en cuanto a la experiencia obtenida en esta materia tras la guerra.

Carros Renault FT-17 en 1921, en la ciudad de Katowice (alta Silesia), recién entregada a la Segunda República polaca en virtud a un plebiscito promovido tras la firma del Tratado de Versalles. Los polacos emplearon carros de combate franceses en el período de entreguerras.

Por su parte y pese a disponer de una adecuada relación de recursos y experiencia en el campo de la mecanización, Francia concentró sus esfuerzos en la construcción de sólidas líneas defensivas estáticas.

Los organismos oficiales y sus apoyos oficiosos, en vez de reconocer las necesidades evidentes y aceptar el cambio, […] se aferraron al sistema vigente. Para combatir el concepto de ejército mecanizado, se dedicaron a desvirtuarlo. Para contradecir la evolución técnica, se emplearon a fondo en oponerse a ella. […] No veía, pues razón alguna para cambiar la legislación vigente ni la práctica defensiva, únicamente insistía en que se reforzara el sistema ya existente[2].

No obstante, durante el periodo de entreguerras eran muchas las voces en Francia que defendían la modernización de las fuerzas armadas sobre la base de los nuevos ingenios: el motor y la radio.

En esta línea estaban las ideas del entonces teniente coronel Charles De Gaulle, al mando de una unidad acorazada al inicio de la Segunda Guerra Mundial:

2.- De Gaulle, 2005, 22.

Se me hacía insoportable ver al enemigo del mañana dotarse de medios para la victoria, mientras Francia se veía privada de ellos. […] ninguna voz autorizada se alzaba para pedir que se tomaran las medidas necesarias[3].

Sin embargo, estas voces no pasarían de alimentar un debate interno en el seno del mundo militar y donde la cúpula militar favorecería la construcción de inmensas fortificaciones estáticas. La preeminencia de la estrategia defensiva sobre la base de mastodónticas construcciones relegaba a un segundo plano al desarrollo de otros sistemas de armas, como los carros de combate.

Tropas francesas de *Chasseurs* en la Línea Maginot.

Esto no significa que el Ejército francés no desarrollara medios mecanizados pero el hecho es que la piedra angular del sistema defensivo francés la constituía el conjunto de fortificaciones conocido como la «Línea Maginot». Así, el Ejército francés desarrollaría un número muy superior de medios blindados pero que, debido a su concepto de empleo y especificaciones técnicas, no constituirían un rival para los medios germanos inferiores en número.

El Ejército francés disponía de un número importante de carros de combate (sólo por detrás de la Unión Soviética), estimado en mayo de 1940 en 4.111 (más 250 en África del Norte), de ellos 3.254 se encontraban desplegados frente a los alemanes[4].

Sin embargo, en los primeros compases de la invasión de Francia, los carros alemanes se demostrarían superiores a los franceses y británicos en dos aspectos, fundamentalmente: la mayor velocidad, así como el hecho de que, a diferencia de sus oponentes, los germanos estaban dotados siempre de comunicaciones que favorecían la coordinación de las unidades[5].

3.- De Gaulle, 2005, 21.

4.- Frías, 2019.

5.- Di Nardo, 2017, 9.

Por otro lado, los carros franceses, concebidos sobre la base de apoyar a la infantería en una defensa estática, tenían una autonomía muchísimo menor que la de los carros germanos[6].

Aun así, sobre el papel, la mayor parte de carros franceses y británicos superaban a los carros germanos en otros aspectos, al estar dotados de un blindaje y armamento más potentes. Si bien esto los convertía en vehículos más pesados y menos maniobrables[7]. De nuevo, los franceses favorecían otras características que potenciaban su concepto de defensa estática frente a la movilidad de sus unidades.

Panzer IV. El empleo del arma acorazada alemana en la Segunda Guerra Mundial sería muy superior al de sus enemigos.

La diferencia fundamental entre el resto de ejércitos y los alemanes, es que estos ya habían interiorizado conceptos organizativos y de mando que favorecerían el empleo de los medios tecnológicamente avanzados mientras que los primeros solo concebían estos medios como un refuerzo de las estructuras existentes[8].

De esta forma cabría decir que Alemania no desarrollaría ni mejores ni más medios mecanizados que sus oponentes franceses. Sin embargo, el empleo de los mismos que se llevaría a cabo por los alemanes, así como su coordinación tanto internamente como con otros sistemas de armas sería muy superior.

6.- Frías, 2019.

7.- Di Nardo, 2017, 9.

8.- Smith, 2006, 129.

Defensa estática frente a movilidad

El ejército francés planificaría su defensa sobre la base de una estrategia de defensa estática y donde el elemento principal lo constituirían una serie de posiciones fortificadas.

El mariscal (Pétain) expresaba que los carros de combate y los aviones no modificaban las condiciones de la guerra y que el elemento principal de la seguridad francesa era el frente continuo apuntalado por fortificaciones. [...] Francia, pacífica y defensiva, sólo puede estar en contra de la motorización[9].

Este concepto general defensivo chocaba con la visión germana donde Alemania buscaba obtener la ventaja sobre sus adversarios a través de una acción ofensiva, audaz y contundente sobre la base de los medios tecnológicamente más avanzados.

Arriba. Mariscal Petain.

Página siguiente, arriba. Maniobras del Reichs*wehr*. El *Reichspräsident*, mariscal Hindenburg, habla con los generales Von Seeckt (izquierda) y Haye (derecha).

En la mente de Seeckt estaba reformar la doctrina militar alemana y adaptarla a [...] la próxima conflagración, [...] nunca más la guerra de trincheras, la guerra estática [...] primará la guerra de movimientos, en la que se producirá necesariamente la combinación de las diferentes armas[10].

Finalmente, si la experiencia en la Primera Guerra Mundial había conducido a la victoriosa Francia en una línea estratégica en completa oposición a Alemania a través de la construcción de enormes complejos defensivos como la «Línea Maginot», el resultado de la confrontación entre ambos ejércitos sería concluyente:

> Se evidenció el gran error estratégico de Francia. Una gran cantidad de recursos económicos se habían aplicado a unidades e instalaciones que apenas podían defender unos metros cuadrados. [...] Francia mantenía una distribución extensiva de su fuerza militar dispersa y clavada en el territorio[11].

9.- De Gaulle, 2005, 23.
10.- Del Castillo, 2020, 84.
11.- Hernandez y Rubio, 2010, 180.

Tras realizar un espectacular avance a través de las Ardenas, rodear el dispositivo defensivo aliado y producir un completo colapso de las líneas defensivas aliadas, solo una inesperada parada de las tropas germanas permitió que se salvara la mayor parte del Ejército británico en Francia durante la ofensiva de mayo de 1940[12].

Mando y control

Frente al estilo de mando característico prusiano y donde los mandos intermedios tenían flexibilidad para conducir las operaciones conforme a la evolución del combate, la cadena de mando francesa era mucho más rígida y lenta.

En ese sentido, la experiencia de combate y el posterior desarrollo doctrinal había conducido al ejército francés a desarrollar una concepción del mando y control radicalmente opuesta a la del ejército alemán.

Una característica importante de la doctrina francesa era la lentitud en la toma de decisiones: puesto que una ofensiva enemiga sería precedida de actividades fácilmente detectables (redespliegue de fuerzas, acumulación de municiones, preparación artillera…) […] A cambio, sí era importante la seguridad: desde que se concebía un plan (al nivel más alto) hasta que se ejecutaba (después de que todos los niveles intermedios hubiesen planeado a su vez sobre

Oficial de Estado Mayor del *Reichswehr*.

12.- Frieser, 2017, 18.

la base del plan del escalón superior), pasaba un tiempo relativamente largo[13].

Oficial y suboficial del Reichswehr sobre los planos
en un vehículo de mando.

De esta forma en el ámbito del mando y control, los germanos
aventajaban al resto de oponentes gracias a una mayor profusión
en el empleo de la radio y por su particular estilo de conducción
de las operaciones.

> A diferencia del uso intensivo de la radio que hacía la *Wehrmacht*,
> el ejército francés seguía confiando en los tendidos telefónicos. Los
> escasos equipos de radio disponibles se reservaban para los cuarteles
> generales de nivel alto[14].

De nuevo, el favorecimiento de los tendidos telefónicos frente
a la radio demuestra que los esfuerzos del ejército francés se encontraban volcados en la conducción de una defensa estática. Todo
lo cual tendría serias consecuencias para el ejército francés y el
dispositivo defensivo aliado durante la invasión de Francia.

El sistema de mando y control aliado: la '*bataille conduite*' exigía
emitir órdenes muy detalladas, para lo que se necesitaban grandes
cuarteles generales y mucho tiempo. En realidad, esa forma de
mando y control era probablemente la principal responsable de la
derrota francesa: la enorme centralización del sistema de mando y
control aliado hacía que los mandos subordinados apenas pudiesen
tomar decisiones relevantes sin instrucciones del Alto Mando […],

---

13.- Frías, 2019.
14.- Frías, 2019.

lo que lo hacía inflexible y lento, y por ello muy poco apto para combatir en situaciones cambiantes[15].

En suma, la flexibilidad germana en el estilo de mando, así como en los medios de mando y control desarrollados se demostraría muy superior a las rígidas estructuras francesas.

Conclusiones de la comparativa entre el desarrollo de los ejércitos germano y francés durante el periodo de entreguerras

En el periodo analizado, las diferencias entre el ejército alemán y el francés alcanzan a múltiples ámbitos como la doctrina, la organización, los medios y su empleo, así como la propia estrategia de defensa.

Es esclarecedor que alemanes probaran y descartaran las tácticas y los conceptos operacionales que resultaban ineficaces, mientras que el ejército francés, a la sazón considerado el mejor del mundo, no se molestó en comprobar la doctrina en unas condiciones realistas. El ejército francés empleó en 1940 un gran número de unidades

Uno de los prototipos del «*Leichtraktor*», fabricado en Alemania y probado en Kama (URSS).

15.- Frías, 2020.

de las mismas divisiones de caballería/motorizadas que los alemanes habían considerado deficientes en 1932[16].

Finalmente, del análisis comparativo entre el ejército alemán y francés se deduce que:

• El *Reichswehr* desarrolló una corriente de planeamiento, organizativa, de mando y control, así como de desarrollo de medios completamente divergente a la francesa.

• El éxito del ejército alemán frente a las fuerzas aliadas en sólo seis semanas demostraría la clara superioridad en el desempeño del primero frente a los segundos.

En suma, se podría concluir que las reformas a nivel doctrinal, organizativo y tecnológico aplicadas por el Ejército alemán serían claramente diferentes a las aplicadas por los ejércitos contemporáneos y conseguirían oponerse de manera efectiva a un ejército de referencia en la época: el Ejército francés.

Equipo de un lanzaminas Erdhardt de 17 cm en maniobras. El arma era un vestigio de la Primera Guerra Mundial.

16.- Del Castillo, 2020, 12.

CONCLUSIONES

Pelotón de ametralladora pesada del Reichswehr. Se trata de una Maxim-Spandau de 7,92 mm. A la izquierda, uno de los sirvientes maneja un telémetro de 1 metro de base horizontal.

Durante siglos, el estado prusiano desarrollaría un modo propio de hacer la guerra. Ante la persistencia de unos recursos limitados y empujado a sostener conflictos en varios frentes contra enemigos más poderosos, Prusia desarrollaría un modelo militar fundamentalmente ofensivo. De esta forma, se buscaba alcanzar la victoria a través de la consecución de campañas cortas mediante el desarrollo de acciones audaces y contundentes. Igualmente, los prusianos desarrollarían un estilo de mando original y flexible que confiaba en la capacidad de decisión de los cuadros de mando: la *Auftragstaktik*. De ese modo de hacer la guerra particular y de ese *ethos* o cultura militar original, sería heredero y depositario el Ejército alemán de la primera postguerra mundial: el *Reichswehr*.

Tras su derrota en la Primera Guerra Mundial, el Tratado de Versalles impondría unas duras condiciones que afectarían a Alemania en diversos ámbitos. En el ámbito militar y con el objetivo de mermar las capacidades militares germanas, se limitó el volumen del ejército, se disolvieron unidades, así como centros de dirección y formativos, al tiempo que se prohibió la tenencia y empleo de múltiples sistemas de armas.

Las restricciones legales emanadas del Tratado de Versalles impuestas a las fuerzas armadas germanas de la postguerra, han sido consideradas en este estudio como un escenario adverso donde se ve limitada la capacidad de maniobra de un ejército para conseguir el fin último de esa institución: mantener la capacidad de combate para contribuir a la defensa nacional.

Tras comparar al ejército alemán con el francés y estudiar el desempeño del primero durante las primeras fases de la Segunda Guerra Mundial, podría concluirse que la hipótesis planteada inicialmente es verdadera.

Se ha validado la hipótesis de que, pese a las fuertes restricciones durante el periodo de entreguerras, el *Reichswehr* consiguió el objetivo de preservar sus capacidades militares mediante la aplicación de una serie de reformas originales e innovadoras en su ejército.

Se ha demostrado que, pese a las múltiples limitaciones que Alemania sufrió en el campo militar, el *Reichswehr* consiguió el objetivo de preservar sus capacidades militares mediante la aplicación de una serie de reformas innovadoras. Las reformas aplicadas por el *Reichswehr* durante el periodo de entreguerras demostrarían su efectividad cuando, en los primeros compases del conflicto, las fuerzas armadas germanas se enfrentaron a las fuerzas aliadas y aplastaron a sus ejércitos en una serie de campañas ofensivas.

Arriba. Cañón de 7,7 cm L/27 sobre vehículo Krupp-Daimler 100PS. Se trataba de un arma y un camión de la Primera Guerra Mundial que permaneció operativo en el Reichswehr de entreguerras.

Página siguiente. Sección motociclista del Reichswehr.

Gran parte de las reformas aplicadas, a la vista de las diferencias respecto al Ejército francés contemporáneo, eran originales y características del ejército alemán. Éste desarrollo conceptos doctrinales, así como sistemas de mando y control distintos. Igualmente, apostaría por el desarrollo tecnológico de diversos sistemas de armas frente a mantener complejos defensivos aptos para el conflicto anterior.

Una pieza contracarro de 3,7 cm, denominada Pak 35/36. Los rusos la copiaron en calibre 4,5 cm

La respuesta germana ante las limitaciones sufridas durante el periodo de entreguerras, consistió en realizar una serie de reformas en diversos ámbitos que buscaban el fin último de preparar a su ejército para la siguiente conflagración. En este sentido las reformas aplicadas en el *Reichswehr* se caracterizaron por el pragmatismo y adaptarse a la situación. Ante las limitaciones, se encontrarían opciones alternativas para cumplir los objetivos buscados y se aplicarían soluciones imaginativas para llevar a cabo la preparación del *Reichswehr*.

El *Reichswehr* fue una institución consciente de sus limitaciones en el corto plazo y que se concentraría en la consecución de sus objetivos en el largo plazo. Así, las diferentes líneas de acción y reformas se realizarían sobre una base constructiva e innovadora, así como orientada a los objetivos finales. Las reformas aplicadas irían evolucionando adaptándose a la evolución de los acontecimientos, pero el objetivo último se mantendría inalterado.

El conjunto de herramientas o líneas de actuación adoptadas puede resumirse de la siguiente manera:

• Selección del personal: ante las limitaciones se optó por seleccionar cuidadosamente al personal reclutado atendiendo a criterios de mérito como la formación y preparación, la experiencia de combate anterior, la eficacia demostrada en el servicio, inteligencia, tener una conducta intachable o la edad.

• Cuadros de mando: Se dotó al *Reichswehr* de un número proporcionalmente muy elevado de suboficiales. Ante la falta de personal, se fomentó el reclutamiento de la escala de suboficiales porque se entendía que, con la adecuada formación, los suboficiales podrían constituir el embrión de personal sobre el que posteriormente se constituirían nuevas unidades con nuevas capacidades.

Blindados de reconocimiento fabricados sobre vehículos Adler, denominado Kfz 13. Se produjeron más de 150 de estos blindados en la República de Weimar, saltándose las cláusulas del Tratado de Versalles.

• Potenciación de actividades de instrucción y adiestramiento: Las limitaciones no mermaron la preparación de las unidades. Se desarrollarían ejercicios a todos los niveles para potenciar la preparación de las unidades y se continuó la preparación en todos los ámbitos considerados de interés. Ante la limitación para llevar a cabo actividades de preparación con ciertos materiales y sistemas de armas, se buscarían campos de entrenamiento alternativos donde poder entrenar al personal germano convenientemente en las áreas de interés.

• Formación de los cuadros de mando en todos los ámbitos de interés y sistemas de armas: Las restricciones, no se tradujeron en limitar la capacidad o el conocimiento técnico y táctico de los militares. Ante la prohibición de disponer de ciertos materiales y sistemas de armas, se buscarían métodos alternativos para poder formar al personal en las áreas de interés. Durante el periodo de tiempo estudiado se capacitó al personal para poder asumir mayores responsabilida-

des y ser capaces de emplear correctamente todos los sistemas de armas, con independencia de que estuvieran en dotación o no en el *Reichswehr*.

• Valoración de la experiencia práctica y de combate: Entre los criterios de selección para la permanencia en el *Reichswehr* estaría la participación en el conflicto anterior y del mismo modo se buscaría que los cuadros de mando tuvieran experiencia en el empleo de medios y sistemas de armas. De igual modo, se potenciaba el desarrollo de lecciones identificadas a través de la experiencia práctica en operaciones militares. En este sentido, tanto los campos de entrenamiento de la Unión Soviética como la experiencia bélica en la Guerra Civil Española se emplearían como fuentes de conocimiento para contribuir al desarrollo profesional de los militares, así como para mejorar los desarrollos tecnológicos.

• Estilo de mando y liderazgo sobre la base del *mission command* (mando orientado a la misión): El estilo de mando tradicional prusiano evolucionaría en el sentido de potenciar las capacidades de los cuadros de mando, hasta los niveles más bajos. Este estilo de mando simplificaba las órdenes en el sentido de favorecer que los

Página anterior. Equipo de zapadores del *Reichswehr* sobre una balsa neumática.

Abajo. Banda de música del *Reichswehr*, desfilando.

59

subordinados comprendieran perfectamente la misión y el propósito del jefe para que posteriormente, durante la ejecución pudieran tomar decisiones fundadas y, a su nivel, asumir con responsabilidad decisiones conducentes a garantizar el cumplimiento de la misión pese a las variaciones de la situación. Todo ello constituyendo un precedente que fomentaría la imitación posterior de otros ejércitos como el estadounidense.

• Desarrollo de sistemas de armas avanzados: Las limitaciones tampoco mermaron el desarrollo de sistemas de armas tecnológicamente avanzados. Ante la prohibición de disponer de aquellos sistemas, se buscarían foros alternativos en los que tanto militares como industriales siguieran las tendencias actuales y pudieran diseñar prototipos y proyectos experimentales. Militares e industriales se mantendrían al día de las tendencias contemporáneas en los más avanzados materiales y sistemas de armas.

• Potenciación de los sistemas flexibles de mando y control como las comunicaciones radio: Se desarrollarían unos sistemas radio cuyas redes conseguirían que se pudiera materializar de manera efectiva el enlace desde los niveles de las grandes unidades hasta las pequeñas unidades e incluso el nivel vehículo. Por otro lado, los sistemas radio disponibles también conseguirían garantizar la integración entre diversas armas e incluso permitir la coordinación entre unidades terrestres y aéreas. Todo lo cual favorecería el mando y control, así como una correcta integración del combate interarmas.

Primer carro de combate operativo en Alemania tras la Primera Guerra Mundial: el *Panzerkampfwagen I Ausf A* sobre una batea de remolque.

Panzerkampfwagen II y enlaces motorizados en la Campaña del Oeste. 1940.

• Trabajo conjunto entre industriales y militares durante la realización de ejercicios prácticos: En los campos de experimentación y durante el desarrollo de ejercicios prácticos, cuadros de mando trabajaban conjuntamente con representantes industriales. De esta forma, las especificaciones técnicas de prototipos y sistemas de armas eran producto de la experiencia llevada a cabo durante ejercicios prácticos con los militares.

En suma, podría decirse que los pilares o las claves fundamentales de las reformas acometidas por el *Reichswehr* y donde se volcarían unos recursos limitados con el fin de mantener e incluso potenciar las capacidades militares germanas, serían:

– Seleccionar adecuadamente un grupo de militares: primando la cualidad frente a cantidad.

– Preparar a dichos militares a través de diversas actividades: instrucción, adiestramiento, cursos prácticos de formación o la conducción de operaciones reales.

– Dotar a las unidades de modernos sistemas de armas, desarrollados conforme a las especificaciones técnicas extraídas de colaboraciones prácticas entre militares e industriales.

– Institucionalizar un modelo de liderazgo basado en el *mission command* e implementarlo a través de sistemas de mando y control flexibles y que lleguen a todos los escalones de mando.

– Desarrollar y aplicar una doctrina y procedimientos en los que se integren los diferentes sistemas de armas para aprovechar de manera efectiva su potencial de combate.

Bajo estas premisas y dando respuesta al objetivo planteado en la investigación, se extraen una serie de inferencias que podrían ser aplicables a otras organizaciones militares en un escenario diferente al estudiado. Con independencia de las limitaciones existentes que obliguen a restringir acciones o capacidades de unas fuerzas armadas en diferentes ámbitos, se puede tratar de mantener dichas capacidades militares a través de:

– Una adecuada combinación de las claves anteriormente expuestas: selección de personal, fomento de la formación y la preparación, dotación de avanzados sistemas de armas, aprovechamiento del potencial del combate interarmas, así como institucionalización de sistemas de liderazgo y de mando flexibles.

– Soluciones originales e imaginativas para oponerse a dichas limitaciones.

El *Reichswehr* y los cambios que se produjeron en el Ejército alemán durante el periodo de entreguerras constituyen un objeto de estudio del que pueden extraerse lecciones aplicables a las fuerzas armadas actuales.

El *Panzer I* fue realmente un carro de instrucción. En la imagen, uno de estos carros sin torre, utilizado como escuela de conductores.

BISHOP, C. (2009) Infantería alemana en la II Guerra Mundial, Madrid: LIBSA.

CITINO, R. M. (2018) El modo alemán de hacer la guerra. De la Guerra de los treinta años al Tercer Reich, Málaga: Ediciones Salamina.

CLARK, C. (2016) El reino de hierro. Auge y caída de Prusia. 1600-1947, Madrid: La esfera de los libros.

COOPER, M. (1990) The German Army 1933-1945, Londres: Scarborough House.

CORDELL, B. R. ET ZABECKI, D. T. (2009) Arte de la guerra alemán: Truppenfürung. El manual básico del ejército más temido de la historia, Madrid: La esfera de los libros.

DE GAULLE, C. (2005) Memorias de guerra, Madrid: La esfera de los libros.

DEL CASTILLO, F. (2020) La invención de Vulcano, Madrid: Rialp.

DI NARDO, R. L. (2017) Los carros de combate alemanes 1918-1941, Desperta Ferro Especiales, XII, pp. 6-9.

FIESER, K. H. (2017) La parada de los Panzer, Desperta Ferro Contemporanea nº 22, pp. 18-19.

GONZÁLEZ LÓPEZ, O. (2012) Paracaidistas alemanes. Fallschirmjäger, Madrid: Tikal ediciones.

HEINZ, G. (2011) Achtung-Panzer! Barcelona: Tempus editorial.

HERNANDEZ, F. X. ET RUBIO, X. (2010) Breve historia de la guerra moderna, Madrid: Nowtilus.

JOHNSON, I. (2017) El campo de pruebas de Kama, Desperta Ferro Especiales, XII, pp. 18-21.

KEYNES, J. M. (1919) The Economic Concequences of the Peace, Londres: Sagwan Press.

MOLINA FRANCO, L. Y MANRIQUE GARCÍA, J. M. Los hombres de Von Thoma. Quirón Ediciones. Madrid: 2003.

PUELL DE LA VILLA, F. Y HUERTA JUSTO A. Atlas de la Guerra Civil española. Editorial Síntesis. Madrid: 2007.

TÖPPEL, R. (2017) El desarrollo del arma y la doctrina Panzer, Desperta Ferro Especiales, XII, pp. 10-16.

STROHN, M. (2018) 1918, el año decisivo, Desperta Ferro Contemporanea, nº 26, pp. 6-11.

SMITH, R. (2006) The utility of force, Londres: Penguin Books.

Anexo bibliográfico

FRÍAS SÁNCHEZ, C. J. (2020) Conclusiones de la Campaña del Oeste, https://global-strategy.org

FRÍAS SÁNCHEZ, C. J. (2019) Conclusiones de la Campaña del Oeste. El Ejército Francés en 1940, https://global-strategy.org

FRÍAS SÁNCHEZ, C. J. (2018) Organización de los ejércitos en 1914, https://global-strategy.org

FRÍAS SÁNCHEZ, C. J. (2019) Conclusiones de la Campaña del Oeste. El Ejército Francés en 1940, https://global-strategy.org

GUNTHER, M. J. (2012) Auftragstaktik: The Basis for Modern Military Command? School for Advanced Military Studies, www.semanticscholar.org

MUÑOZ BOLAÑOS, R. (2016) Gott mit uns: La organización del Reichsheer durante la República de Weimar (1919-1933), en https://www.researchgate.net/publication/309733749

SANCHIDRIÁN, A. (2022, 29 de abril) El Gobierno traslada a Bruselas que aumentará el gasto en Defensa hasta el 2% del PIB en 2030,

https://www.larazon.es/espana/20220429/ipr4msqeybgozc6j3ucpejrl7i.html

Tratado de Paz con Alemania (Tratado de Versalles), Tratado y protocolo firmado en Versalles el 28 de junio de 1919.